TRÈS MODESTES
REPRÉSENTATIONS
D'UN AMATEUR
DE LA COMÉDIE FRANÇAISE
A
QUELQUES JOURNALISTES.

TRÈS MODESTES
REPRÉSENTATIONS
D'UN AMATEUR

DE LA COMÉDIE FRANÇAISE

A

QUELQUES JOURNALISTES.

———

IMPRIMERIE DE BRASSEUR AÎNÉ.

A PARIS,

Chez les Marchands de Nouveautés.

AN XI. — 1803.

TRÈS MODESTES
REPRÉSENTATIONS
D'UN AMATEUR
DE LA COMÉDIE FRANÇAISE
A
QUELQUES JOURNALISTES.

De toutes les classes d'hommes, la plus opiniâtre, souvent la plus injuste, je pourrais même dire la plus perfide et la plus difficile à vaincre, est, sans contredit, celle de quelques journalistes.

On dirait qu'elle n'existe que pour semer la zizanie parmi ses lecteurs, allumer partout les brandons de la discorde, et pour employer, au gré de ses passions, toute espèce de moyens de troubler l'ordre social.

Les journalistes pénètrent partout, voient tout, entendent tout, et la plupart ne rendent qu'un compte infidèle de ce qu'ils ont vu et entendu : ils voient des *divisions* et des *débats sanglans* là où il ne s'est manifesté qu'une simple et légère effervescence... Avec quels yeux voient-ils donc messieurs les journalistes ?

Ils disent qu'il y a eu *sédition* en telle occasion, en tel lieu ; ils l'affirment, ils nomment les partisans. Déjà leur narration court tous les cafés, toutes les maisons publiques et toutes les provinces : on la publie hautement, et souvent un conte ridicule, une fable absurde volent de bouche en bouche, et trouvent des croyans, parce que tel journaliste, plus éloquent ou plus adulateur, en aura intéressé sa feuille.

La liberté d'en imposer quelquefois au public sur le chapitre des nouvelles étrangères ne donne pas celle de dénaturer, par des versions apocryphes, les faits qui se sont passés sous ses yeux, et d'insulter souvent, par des sorties virulentes et par des dénominations heureusement effacées aujourd'hui de notre vocabulaire, à cette classe modeste de citoyens paisibles qui ont repris le chemin du théâtre, pour y trouver d'honnêtes loisirs, pour y porter une nouvelle admiration sur les chefs-d'œuvres de nos anciens poëtes, et pour applaudir, sans partialité, aux nombreux talens qui se développent heureusement sur la scène.

Les journaux ne s'impriment pas seulement pour la capitale, ils ont un cours très-étendu et très-suivi dans la province et l'étranger. Les départemens abondent autant que Paris en lecteurs de journaux : depuis le général, le magistrat, le propriétaire, le cultivateur et l'artisan, jusqu'au simple particulier, tout le monde lit un journal, ou veut en entendre la lecture; et j'ai vu, moi, dans ma province et dans les campagnes que de tous les articles qui captaient le plus l'attention des lecteurs ou des auditeurs c'était l'article PARIS et le FEUILLETON. Cette bonne capitale est si chère à tous les Français, que tous les yeux sont fixés sur elle ; et le Feuilleton de M. G*** est souvent rédigé avec tant d'éloquence et d'adresse, je le dis sans ironie, que tous les beaux esprits et les bons raisonneurs même n'en abandonneraient pas la lecture pour un des dindons de Saint-Chaumont.

Il est donc bien dangereux pour la réputation de la ville de Paris de lui attribuer des excès auxquels elle est bien éloignée, je crois, de se porter ; de prêter à ses bons habitans des intentions qu'ils n'ont pas ; enfin de les taxer d'être *cabaleurs*, *séditieux* et *exclusifs*, lorsqu'ils ne sont rien moins que cela.

Chez l'étranger on n'est pas moins avide de la lecture des journaux français, et c'est, à mon avis, déshonorer gratuitement la nation française que de lui donner des ridicules qu'elle n'a pas, de la peindre sous des couleurs qui n'ont appartenu EXCLUSIVEMENT qu'à une classe bien sotte aujourd'hui, et bien accablée sous le poids des remords.

Il y a donc un inconvénient très-grave à remplir les journaux d'anecdotes mensongères, à les gonfler de récits ampoulés, et à vouloir démontrer de la *cabale*, des *complots*, de la *partialité*, des *factions*, de la *sédition* là où il n'y a eu, à proprement dire, qu'un mouvement d'humeur contre l'incivilité de tel ou tel personnage qui a méconnu les égards qu'il doit au public.

J'en demande bien pardon à certains journalistes, à plusieurs de ceux qui ont inséré dans leur feuille un rapport sur l'évènement arrivé au théâtre Français le jour où l'on a donné Tancrède pour l'admission de mademoiselle Duchesnois ; si, comme ils le disent, ils ont vu des *séditieux*, des *exclusifs*, des *clabaudeurs*, un *fanatisme furieux*, des *enragés*, *etc.*, c'est que, se croyant toujours au sein de leur ancienne patrie, ils s'imaginaient encore encenser leur idole, ou, pour les traiter avec plus de ménagement, c'est qu'ils étaient, lorsqu'ils contemplaient si bien, derrière le rideau ou sur le théâtre de la comédie française.

Pour moi, qui me trouvais modestement au parterre, comme on va le voir tout à l'heure, dépouillé de toute idée d'intrigue, et vivant, pour ainsi dire, depuis le 18 brumaire an 8, dans l'oubli de tout ce qui a précédé cette brillante et mémorable journée, quoique bien pourvu de mes cinq sens, je n'ai vu, je n'ai entendu et je n'ai senti d'abord qu'un seul desir, manifesté et témoigné peut-être avec un peu trop d'effervescence, PAR TOUT LE PUBLIC ; c'était, à ce qu'il me serait facile de prouver, le seul desir de voir le rôle de Phèdre rempli par mademoiselle Duchesnois. Puis j'ai vu, entendu et senti que le public voulait que messieurs de la comédie française, auxquels aucuns statuts ou réglemens ne défendent, sans doute, une certaine déférence ou politesse envers lui, surtout dans des cas urgens, vinssent, par l'organe d'un semainier, ou de tout autre, demander son vœu, sauf, après une courtoisie d'usage, à garder le silence, sous le prétexte d'en référer au comité.

J'ai vu, entendu et senti que le public a été plus sensible à ce défaut d'urbanité de la part de messieurs de la comédie française, qu'il n'a partagé les cris et les demandes réitérées de plusieurs jeunes gens, auxquels l'esprit de *parti* et de *sédition* m'a paru tout à fait étranger.

J'ai remarqué une infinité de personnes, sûrement honnêtes et tranquilles, qui se plaignaient amèrement de l'inconcevable sécurité des comédiens, qui auraient infailliblement arrêté le désordre et calmé l'effervescence par la députation d'un des leurs, entre autre de celui qui intéresse si fort le public, du très-complaisant confident, pour qui ces sortes de démarches sont le plus bel apanage de son emploi, et qui, dans de semblables missions, a plus d'une fois recueilli une somme considérable d'applaudissemens bien propres à le dédommager.

J'ai entendu plus d'un vieillard respectable rappeler d'anciennes anecdotes du tems de Lekain, de mesdemoiselles Clairon et Dumesnil, et qui, dans des cas semblables, disaient-ils, avaient toujours fini par la représentation de la petite pièce.

Ce qui parviendra à détromper quelques lecteurs trop crédules sur la prétendue faction à laquelle on veut absolument donner existence et prêter des ramifications, c'est que l'apparition soudaine du citoyen Baptiste cadet, prêt à jouer le rôle de M. de Mirobolan, a tout à coup suspendu les éclats et la clameur, qui n'ont recommencé qu'après le persifflage, au moins déplacé de cet acteur, qui n'a ouvert la bouche et utilisé son GENRE qu'à ces seules paroles : « *La pièce de Phèdre est au répertoir.* » INDÈ MALI LABES.

Mais si j'en dois croire à la version de certains journalistes, je ne suis pas allé à la première représentation de Tancrède pour l'admission de mademoiselle Duchesnois, ou bien je m'y suis trouvé dans une telle léthargie, qu'il ne me souvient pas de ce qui s'est passé entre la pièce jouée et celle QU'ON DEVAIT NOUS DONNER.

J'ai cependant souvenance, et très-récente souvenance, quoique je m'avise d'écrire huit jours après le scandale dont en vain on contesterait la gloire à ses véritables auteurs ; j'ai souvenance, dis-je, que, pour éviter l'ennui et l'infructueuse persévérance de ceux qui se mettent à la queue près les bureaux de recette, je tranchai toute difficulté en achetant, à l'extérieur un billet de parquet, que je payai quatre francs cinquante centimes.

J'ai souvenance qu'à la porte du parquet,

dont l'entrée était déjà interceptée par une foule de citoyens, (il était six heures moins dix minutes) je me trouvai en concurrence avec un jeune homme dont l'incivilité m'a choqué d'abord, en ce qu'il me disputa très-lestement, quoique arrivé en même tems que lui, la prérogative de donner le premier mon billet, et de tenter le premier les moyens d'entrer.

Je le considérais d'un œil mécontent, lorsque je m'aperçus que son billet, qui ne me parut qu'un chiffon de papier, était différent du mien, formé de carton et taillé en lozange; mais il fallait que ce billet fût un titre de protection, ou que mon jeune homme la méritât par une espèce d'uniforme qu'il portait, et dont je ne pus faire la distinction que par les boutons de métal gravés d'une légende surmontant une espèce de caducée. Et voici ce qui me le fit considérer comme un protégé, c'est que l'homme commis à la porte du parquet, en prenant mon billet, lui dit avec certain mystère, mais assez haut pour que je l'entendisse : « Qu'il n'avait qu'à fendre « la presse, qu'il trouverait sa place sur une « des banquettes du milieu. »

Profitant de l'occasion qui m'aurait presque réconcilié avec mon jeune homme, je courus, comme lui, les hasards de l'entreprise; je fus, comme lui, ballotté, heurté, froissé : mais, enfin, j'arrivai au milieu de l'enceinte, où je pris place à la droite de mon jeune mentor. Je remarquai que la plupart des banquettes contenaient beaucoup plus de personnes qu'il n'est possible d'y en maintenir, et qu'à chaque instant des disputes étaient prêtes à éclater. (*)

J'ai souvenance que jusqu'au lever de la toile, il ne se manifesta aucun murmure, ni de ces chuchoteries, de ces avant-propos, pronostics toujours certains d'une cabale;

(*) C'est un grand vice d'administration dans toutes les salles de spectacle, et surtout à la comédie française, de délivrer plus de billets qu'il n'est possible de placer d'individus. Il me semble qu'il serait facile de remédier à cet inconvénient qui fait toujours des mécontens, et qu'on pourrait même porter la précaution, pour éviter toute espèce de dispute, jusqu'à faire ranger ceux qui ont la sotte prétention de vouloir être au parterre aussi à l'aise que s'ils étaient dans leur loge. Il suffirait de disséminer six ou huit personnes dans l'enceinte, qui seraient chargées de faire serrer les rangs, et qui, au moment de la représentation, seraient tenues de se retirer.

d'où je pourrais conclure aujourd'hui qu'il y a matière à réformer le langage de certain aristarque, et donner un démenti formel à sa myopie, qui lui a fait voir des *exclusifs* là où il n'y avait que d'honnêtes gens, et des *projets* de *cabale* là où chacun attendait avec impatience l'occasion et le moyen de signaler le talent, et de reposer son admiration.

Il me souvient très-bien que l'arrivée en scène de mademoiselle Duchesnois, que je n'avais point encore vue, fût marquée par une acclamation générale, dont j'aurais été flatté pour l'actrice, si elle ne se fût prolongée un peu trop long-tems ; et c'est à l'émotion que lui fit éprouver sans doute cette prolongation d'applaudissemens que j'attribue de n'avoir pas bien entendu ces premiers vers de son rôle :

. . . .
« Mon père, en tous les tems, je sais que votre cœur
« Sentit tous mes chagrins et voulut mon bonheur :
« Votre choix me destine un héros en partage ;
. . . .

Mais je ne puis me refuser à cette justice qui lui est dûe ; c'est que, reprenant tout à coup son à-plomb, elle surmonta toutes les difficultés du rôle d'Aménaïde.

Comme elle récita cette tirade !

. . . .

« Dans un sort avili noblement élevée,
« De ma mère bientôt cruellement privée,
« Je me vis seule au monde, en proie à mon effroi,
« Roseau faible et tremblant, n'ayant d'appui que moi.

. . . .

J'en appelle ici au témoignage de tous les spectateurs, ne fit-elle pas sensation dans ce vers ?

« La persécution enhardit la faiblesse.

Dans l'intervalle du premier au second acte, je prêtai une oreille complaisante à mon jeune homme, auquel je devais, plus qu'à mon argent, la place que j'occupais ; je ne pus cependant me dispenser de lui observer qu'il applaudissait trop souvent, et surtout au milieu d'une tirade, ce qui nuit autant au talent de l'acteur qu'à l'attention du spectateur. Mon observation me valut de sa part cette réponse : « Monsieur, ma manière « d'applaudir fait effet. » Ce n'est que d'aujourd'hui seulement que je réfléchis à cette malice. Je m'aperçus bientôt à ses remarques qu'il n'avait pas encore franchi la borne de ses jeunes années, qui ne lui permettent point de sentir les beautés des grands maîtres, et de juger les enfans de Melpomène. Combien de narrateurs et de prétendus connaisseurs qui ont franchi la borne, et qui, semblables à mon petit voisin, sont encore dans l'ignorance!

Quelques passages de la petite éloquence de ce petit voisin en faveur de mademoiselle Georges, du citoyen Talma et de plusieurs autres acteurs, dont à peine il connaît les noms, lui attirèrent mon indifférence et celle de plusieurs gens sensés auprès desquels je me trouvais assis. Il permuta dès lors sa place avec quelqu'un qui ne me parut pas fâché d'avoir changé la sienne, à cause, me dit-il, d'un voisinage trop bruyant.

Au second acte et aux suivans, même attention de ma part, et toujours nouveaux sujets d'admiration dans la diction pure, dans l'expression de sensibilité et dans la noblesse du maintien que Tancrède et Aménaïde développèrent tour à tour.

Quelque couleur que prenne le caméléon, je m'en tiens toujours à celle qui, chez lui, m'a charmé il y a six mois : celle qu'il m'offre aujourd'hui, quoique encore nuancée avec éclat, ne sert qu'à me faire distinguer sa vilaine forme. A mon avis, le caméléon n'a qu'un beau côté ; tant pis pour lui si, lassé de ses essais, qui ne lui attirent aujourd'hui que du mépris, il ne reprend pas sa première contenance.

J'ai entendu dire à certain casuiste que la pénitence effaçait bien des fautes : mon casuiste était un honnête homme, comme moi peu pourvu d'esprit, il est vrai ; mais il avait assez de discernement pour juger l'espèce des caméléons. C'est de lui que j'ai appris à faire sur eux quelques remarques. Mon casuiste, homme d'honneur, n'aimait ni le mensonge ni la calomnie : il satirisait à propos ceux-là qui changent tout à coup de langage, et qui rétractent aujourd'hui l'hommage qu'ils rendaient hier à la vérité ; il méprisait surtout ces écrivains qui, profitant d'une certaine dose de bon sens, de science et de talens, dont la nature et l'étude les ont heureusement pourvus, cherchent à induire leurs semblables en erreur.

Il leur prêchait constamment la pénitence. Que mon caméléon, qui n'a peut-être plus une grande quantité de mouches à gober, profite donc du tems, et prenne garde à lui.

Mais revenons à notre narration ; aussi véridique que la pourrait faire celui qui a assisté comme moi à cette représentation, et qui n'est entré dans la salle de la comédie française que pour jouir du spectacle et juger froidement les acteurs.

J'ai souvenance que le public et moi nous n'avons pas usé de partialité ; que Tancrède a reçu autant de *bravo* qu'Aménaïde, et qu'après la représentation, ils se sont rendus l'un et l'autre au vœu général pour recevoir également les palmes qu'on leur a décernées.

J'ai souvenance, car je ne suis pas payé pour mettre ma mémoire en défaut, qu'entre les deux pièces il s'éleva plusieurs voix du parterre qui demandèrent Phèdre par mademoiselle Duchesnois ; que cette demande fut répétée des premières et secondes loges ; je l'ai entendue même des dernières galeries et du ceintre : en un moment l'acclamation devint générale ; mes deux voisins, dont la tenue m'annonçait des hommes honnêtes, dont les cheveux blancs, et surtout l'érudition, avaient capté mon suffrage et mon respect, mêlèrent leurs voix au cri général. A leur exemple, et à celui d'une foule de citoyens distingués, dont la probité m'est connue, je demandai aussi Phèdre par mademoiselle Duchesnois; mais je me condamnai bientôt au silence quand j'eus remarqué que le petit voisin qui avait, avant le second acte, changé de place, criait comme un fou : *Non! non!... à bas! à bas!*

Ayant fait partager cette remarque à l'une des personnes le plus près de moi, je me gardai bien de soutenir la controverse ; j'attendis l'issue de cet évènement qui commençait à prendre un caractère un peu plus sérieux.

Pour faire finir le tumulte, me disais-je, un acteur, ou tout autre commis *ad hoc* devrait bien paraître et demander le vœu du public, sauf à se retrancher, pour sa réponse, dans les bornes de son devoir et des statuts, qui sont, je crois, communs à tous les théâtres.

Je soupçonnais de bonne foi que c'était dans cette intention qu'on leva le rideau : mais l'apparition du bonhomme Lisidor et de Marin me détrompa : loin de faire cesser le tapage, leur persévérance à vouloir entamer la première scène de Crispin Médecin, ralluma un foyer, dont les étincelles étaient déjà moins nombreuses, et qu'une simple politesse pouvait éteindre. Nouveaux cris, nouvelles instances : Lisidor et Marin, honteux, car on peut l'être en pareil cas, prennent le chemin des coulisses ; ils profitent d'un moment de calme pour rentrer en scène. Les clameurs recommencent : ils exécutent un nouveau départ pour les coulisses. Enfin, le citoyen Baptiste cadet paraît ; et je vous ai déjà dit, mes chers lecteurs, comment M. de Mirobolan répondit au desir manifesté de voir le rôle de Phèdre jouée par mademoiselle Duchesnois.

Le C^{en} Baptiste cadet, tout pénétré sans doute du rôle qu'il était prêt à jouer, crut qu'il en était du public comme de madame de Mirobolan.

J'avoue que sa mission fut mal accueillie, et que c'est dans ces momens de crise qu'il faut être tout à fait comédien.

Le parterre devint dès lors intraitable : les huées forcèrent M. de Mirobolan à la retraite, et

« Le flot qui l'apporta recule épouvanté. »

Personne cependant n'abandonnait la salle, toutes les loges restaient garnies, je n'en excepte pas même celle des premiers magistrats, dont la présence me pronostiquait, au moins, un acte d'urbanité de la part de messieurs les acteurs, et je croyais bonnement voir enfin la pièce de Crispin, lorsqu'un des spectateurs franchit, avec une vélocité surprenante, la rampe de l'orchestre; et, comme un soldat qui monte à l'assaut, il escalada bientôt la barre du théâtre, et fut, sans autre titre que la manifestation publique, sommer ou inviter les habitans des coulisses à se rendre, et à faire preuve de politesse ou de déférence.

Sa disparition et l'inquiétude sur son sort animèrent quelques camarades qui se mirent aussitôt en devoir d'aller à la découverte du héraut : le rideau, abattu tout à coup, établit une barrière entre les assiégés et les assiégeans.

Il me sembla voir l'effet d'une herse (*) qui s'abaisse pour empêcher l'entrée d'une légion de braves dans une forteresse.

Déjà plusieurs de ceux auxquels la toile baissée offrait un obstacle invincible prenaient le chemin de la poterne, (**) c'est à

(*) Espèce de grille ou de treillis à grosses pointes de bois, qui est ordinairement placée entre le pont levis et la porte d'une ville, d'un château.

(**) Cette porte est ordinairement pratiquée dans

dire la porte qui sert d'entrée aux musiciens dans l'orchestre, lorsque plusieurs militaires s'opposèrent à leur impétuosité.

Le siège finit là devant une haie de soldats qui bordait le théâtre. Un officier public parut, et engagea les honnêtes gens à se retirer, pour ne laisser de prise que sur les *séditieux :* je ne sais pas s'il resta une seule personne.

Ce que je sais, c'est que cette aventure, qui me priva de voir Crispin Médecin, me reporta pour un moment au champ de l'honneur, et je vis, car chacun voit à sa manière, plutôt un assaut qu'un pélerinage.

En effet, des pélerins vont-ils du même pas que des militaires? Des pélerins suivent lentement, et dans un pieux recueillement, un chemin déjà tracé, des militaires, au contraire, se fraient un passage, et courent avec vélocité vers le but où ils veulent atteindre. Des pélerins vont les yeux baissés, en marmottant des cantiques, visiter des monastères et des

---

l'angle de l'orchestre, et ressemble, en effet, à une poterne qui, dans la fortification, sert à introduire des soldats dans le fossé, au pied de la courtine.

chapelles, dont l'entrée leur est ouverte au premier abord ; et des militaires grimpent à l'escalade, au son des tambours, des fanfares et aux cris de victoire, sans s'effrayer et redouter la résistance qu'on leur oppose. Pour aller porter à Tancrède des paroles de paix ou de guerre, il ne faut pas être un pélerin, entendez-vous, M. G***.

Mais revenons encore aux heureux résultats de ma mémoire :

J'ai souvenance que la nouvelle actrice m'a paru aussi propre par sa taille, sa diction, son maintien, et une figure qui, certes, n'est pas à dédaigner, et surtout par son extrême sensibilité ; m'a, dis-je, paru propre à remplir *au premier rang* les emplois de reine mère et de jeune princesse. J'en appelle à ceux qui ont connu mesdemoiselles Clairon et Dumesnil ; et je crois que, sans blesser les convenances et le rit de la comédie française, on pourrait laisser jouer les mêmes rôles aux deux nouvelles actrices qui se disputent aujourd'hui nos suffrages.

L'une y apporterait l'éclat de ses charmes, qui ne se flétriront sans doute pas de sitôt, si l'inoculation ou la vaccine ont exercé sur elle leur empire ; elle y apporterait son noble maintien et ses grâces, son talent même, qui doit faire encore de grands progrès.

Mais l'autre y viendrait déployer, sous un maintien également noble et fier, sous une déclamation toujours vraie, sous une diction constamment pure, et sous un organe bien flatteur, les traits de la véritable sensibilité, des intonations toujours justes, et les germes d'un talent qui a déjà beaucoup d'à-plomb et d'habitude, et auquel il reste, suivant moi, moins de chemin à faire pour arriver à la perfection.

A ce moyen, les deux classes d'amateurs y trouveraient chacune leur compte.

G*** irait un jour braquer sa lunette sur les traits séduisans, les formes enchanteresses de la belle Circassienne; il irait respirer à son aise les parfums odorans de la fleur qui, par son éclat et sa fraîcheur, tient le premier rang dans le beau domaine de Flore. Mais Damon n'aurait-il pas son tour en allant admirer la noble fierté, le maintien élégant et svelte, et surtout l'inimitable sensibilité d'une Française? il irait goûter délicieusement la jouissance que procure le chant mélodieux de Philomèle;

il irait respirer la douce mélancolie qu'inspirent les sons de la fauvette.

Mais l'intérêt majeur que l'on retirerait de cette somme d'harmonie, et dont chacun aurait sa quote part, c'est que celui qui irait au spectacle pour voir deux pièces, et pour se consoler avec l'aimable Thalie des rigueurs de Melpomène, ne serait pas trompé dans son attente.

Ma foi, j'avoue qu'après avoir admiré sérieusement le cothurne, mon œil se plaît à sourire à l'aspect du léger brodequin, et Dieu sait si je suis content d'avoir été obligé, comme honnête citoyen, de me retirer sans rire devant Crispin Médecin !

Il résulterait de cette harmonie qu'il n'y aurait plus de scène trop bruyante à la Comédie française; que le service des officiers publics et des militaires serait plus doux; que les femmes, cette moitié si chère aux mortels, et si intéressante par tout ce qu'elle a d'enchanteur, ne seraient plus exposées au spectacle à des terreurs subites, à des attaques de nerfs, et que la délicatesse de leurs fibres serait respectée, et n'entraînerait plus d'alarmes; que les pièces seraient écoutées avec ce fruit que beaucoup de personnes y vont récolter ; que les acteurs et actrices seraient mieux jugés, plus modestement critiqués et redressés. Il n'y aurait plus de scandale ; les journalistes, dont la plupart sont malins, ne trouveraient plus matière à des visions ; ces mots barbares d'*exclusifs*, de *partisans*, (pris dans la mauvaise acception du mot) de *séditieux*, etc., ne seraient plus employés, ils n'effraieraient plus l'œil pacifié du lecteur, et n'écorcheraient plus l'oreille délicate de l'auditeur.

Les nombreux amateurs de journaux ne seraient plus induits en erreur ; la classe timide des humains ne serait plus effrayée par des récits ampoulés ; les habitans des provinces n'auraient plus de sujets d'inquiétude pour leurs enfans ou leurs amis qui habitent Paris.

Cette bonne capitale ne serait plus exposée à la critique amère des journaliers-commissionnaires en nouvelles.

Les étrangers, toujours prêts à saisir l'épigramme, ne trouveraient plus matière à de fausses interprétations.

Enfin les journalistes nous laisseraient jouir en famille du doux présent dont l'invincible héros nous a doté en resserrant notre alliance avec les puissances étrangères ; nous ne serions pas troublés *dans les vœux que nous formons pour celui qui nous a fait ces loisirs.*

www.ingramcontent.com/pod-product-compliance
Lightning Source LLC
Chambersburg PA
CBHW062004070426
42451CB00012BA/2642